AF234484

AU PETIT PROPHÊTE

DE

BOESMISCHBRODA;

AU

GRAND PROPHÊTE

MONET, &c.

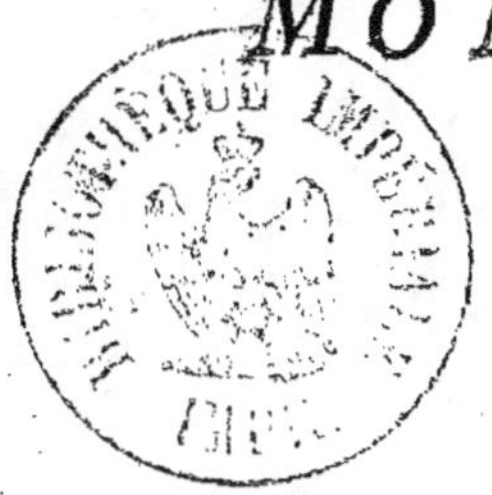

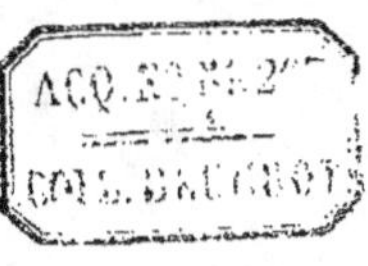

Semper ego auditor tantùm?

Au petit Prophéte de BOESMISCH-
BRODA ; *au grand Prophéte* MONET;
à tous ceux qui les ont précédés &
suivis, & à tous ceux qui les sui-
vront.

S A L U T.

J'AI lû, Messieurs, tous vos petits
Ecrits ; & la seule chose qu'ils m'au-
roient apprise, si je l'avois ignorée,
c'est que vous avez beaucoup d'esprit
& beaucoup plus de méchanceté. Ce
jugement vous paroîtra sévere, j'en suis
sûr ; mais je le suis bien davantage que
vous n'en serez point offensés. Ne vous
accordai-je pas le titre important pour
votre vanité, le titre par excellence, le
titre que rien ne remplace & qui sup-

A ij

plée à tout, l'unique qualité dont il me semble que vous vous souciez. Mais après vous avoir laissé faire les *beaux esprits* & les *inspirés*, tant qu'il vous a plu, pourroit-on vous inviter à descendre de la sublimité du bon mot & à vous abaisser jusqu'au niveau du sens commun ?

Nous avons reçu de vous toutes les instructions, toute la lumiere qu'il étoit possible de tirer de l'ironie & même de l'invective. Vous nous avez suggéré des règles fort utiles sur la maniere dont il convient aux gens de Lettres de se traiter, sur le respect qu'ils se doivent & dont ils ont raison de donner l'exemple aux gens du monde, & sur le rôle indécent qu'ils joueroient, si, semblables aux animaux féroces que les Anciens exposoient dans leurs amphitéatres, ils s'entre-déchiroient impitoyablement, pour servir de passe-tems & de risée à ceux qu'ils

devroient inſtruire, ou peut-être mé-
priſer. Mais ces règles ne font rien à
l'état de la queſtion préſente.

Il s'agiſſoit de ſçavoir quelle eſt des
Muſiques Italienne & Françoiſe, celle
qui l'emporte par la force, la vérité, la
variété, les reſſources, l'intelligence, &c.
& depuis deux mois que vous vous
piquotez, de quoi s'agit-il encore ? De
la même choſe. Continuez, Meſſieurs,
ſur ce ton pendant deux ans, pendant
dix ; les *Oiſifs* auront beaucoup ri,
vous vous en déteſterez infiniment davantage, & la vérité n'en aura pas
avancé d'un pas.

Je ſçais que des eſpéces d'Ecrivains
qui n'ont ni Philoſophie dans l'eſprit,
ni connoiſſance de la Muſique, tels
qu'il y en a malheureuſement pluſieurs
parmi vous, ne feront jamais rien pour
elle. Mais n'y a-t-il pas aſſez long-tems
que ceux qui ne valent rien du tout, &
ceux qui valent infiniment, ſont à peu

A iij

près sur la même ligne ? Jusques à quand faudra-t-il que dure l'honneur usurpé des uns, la sorte de dégradation des autres, & le ridicule d'une querelle ménagée si mal-adroitement, qu'il y a tout à perdre pour les raisonneurs, & tout à gagner pour de *méchants petits plaisants ?*

Que les insectes cachés dans la poussiere soient enfin dispersés par un combat plus sérieux, & ne soient apperçus dans la suite qu'aux efforts qu'ils feront peut-être encore pour piquer les pieds des Luteurs. Songez que ce n'est ni à l'aiguillon ni au bourdonnement, mais à l'ouvrage, qu'on reconnoîtra parmi vous qui sont les guêpes & qui sont les abeilles. Je m'adresserai donc à celles - ci, de quelque Coin qu'elles soient, & je leur dirai, *Voulez-vous qu'on vous distingue ? Faites du miel.*

Si vous n'attendiez que l'occasion, je vous la présente. Voici deux grands morceaux. L'un est François, l'autre est Italien ; tous deux sont dans le genre tragique. La Musique du morceau François est du *divin Lulli* ; la Musique du morceau Italien n'est ni de l'*Asilla*, ni du *Porpora*, ni de *Rinaldo*, ni de *Leo*, ni de *Buranelli*, ni de *Vinci*, ni du *divin Pergolese*. L'un comprend les trois dernieres Scènes du second Acte de l'Opéra d'Armide, *Plus j'observe ces lieux, & plus je les admire…. Au tems heureux où l'on sçait plaire….* avec le fameux Monologue *Enfin il est en ma puissance….* L'autre est composé du même nombre de Scènes. Ces Scènes sont belles & dignes, j'ose le dire, d'entrer en comparaison avec ce que nous avons de plus vigoureux & de plus pathétique. Elles se suivent, & la premiere est connue par ces mots, *Solitudini amene, ombre gradite, qui per pochi momenti lusingate pietose i miei tor-*

menti.... Les situations des Héroïnes
font auffi femblables dans ces deux
morceaux qu'il eft poffible de le défirer.
Celui d'*Armide* commence par le fommeil de *Renaud*; celui de *Nitocris*,
par le fommeil de *Séfoftris*. *Armide*
a à punir la défaite de fes guerriers, la
perte de fes captifs & le mépris de fes
charmes. *Nitocris* a à venger la mort
d'un fils & d'un époux. Toutes les deux
ont le poignard levé, & n'ont qu'un
coup à frapper pour faire paffer leur
ennemi du fommeil au trépas; & il s'é-
leve dans le cœur de l'une & de l'autre
un combat violent de différentes paf-
fions oppofées, au milieu duquel le
poignard leur tombe de la main.

L'Opéra d'*Armide* eft le chef-d'œuvre de Lulli, & le Monologue d'*Armide* eft le chef-d'œuvre de cet Opéra;
les défenfeurs de la Mufique Françoife
feront, je l'efpere, très-fatisfaits de
mon choix : cependant, ou j'ai mal

compris les enthoufiaftes de la Mufique Italienne, ou ils auront fait un
pas en arriere, s'ils ne nous démon-
trent que les Scènes d'*Armide* ne font
en comparaifon de celles de *Nitocris*,
qu'une pfalmodie languiffante, qu'une
mélodie fans feu, fans ame, fans force
& fans génie ; que le Muficien de la
France doit tout à fon Poëte ; qu'au
contraire le Poëte de l'Italie doit tout
à fon Muficien.

Courage, Meffieurs les Ultramon-
tains, *picciol giro, mà largo campo
al valor voftro* ; ramaffez toutes vos
forces ; comparez un Tout à l'autre ; des
parties femblables à des parties femblables ; fuivez ces morceaux mefure à
mefure, tems à tems, note à note, s'il
le faut. Et vous, mes compatrio-
tes, prenez garde. N'allez pas dire
que la Mufique d'*Armide* eft la meil-
leure qu'on puiffe compofer fur des
paroles Françoifes. Loin de défendre

notre mélodie dans ce retranchement, ce seroit abandonner notre langue. Il faut s'attacher ici rigoureusement aux sons. Il ne s'agit pas de commettre Quinault avec le Métastase. Les transfuges du parti François ne sont déja que trop persuadés que ce Quinault est leur ennemi le plus redoutable. Il s'agit d'opposer *Lulli* à *Terradellas*, *Lulli*, le *grand Lulli*, & cela dans l'endroit où son rival même, le jaloux *Rameau*, l'a trouvé sublime. Peut-être le morceau de *Nitocris* n'a-t-il pas, comme celui d'*Armide*, le suffrage des premiers maîtres d'une Nation ; mais n'importe, je connois les défenseurs de la Musique Italienne, ils se croiront assez forts pour négliger ce désavantage.

Si le défi est accepté d'un côté avec la même franchise qu'il est proposé de l'autre, j'espere que bientôt la face du combat changera, que les raisons succéderont aux personnalités, le sens commun à l'épigramme, & la lumiere aux *prophéties*. C'est alors que le *Public*, devant qui les titres auront été comparés sans indulgence & sans partialité, pourra *décider* avec connoissance & sans injustice.

Si du Milieu du Parterre, d'où j'éleve ma voix, j'étois assez heureux pour être écouté des deux Coins & que la dispute s'engageât avec les armes que je propose, peut-être y prendrois-je quelque part. Je communiquerois sans vanité & sans prétention ce que je puis avoir de connoissance de la langue Italienne, de ma langue, de la Musique & des beaux Arts. Je dirois ma pensée, quand je la croirois juste, tout prêt à rendre grace à celui qui me démontreroit qu'elle ne l'est pas. Eh, qu'avons-nous de mieux à faire que de chercher la vérité & que d'aimer celui qui nous l'enseigne? S'il a de la dureté dans le caractère, comme il arrive

quelquefois ; pardonnons-lui ce dé-
faut, quand il nous en dédommagera
par des observations sensées & par des
vues profondes. La Nature ne nous
présente la plus belle des fleurs qu'en-
vironnée d'épines, & le plus délicieux
des fruits qu'hérissé de feuilles aigues.
Ceci est une leçon que je me fais d'a-
vance à moi-même, afin que si quelqu'un se croit offensé par cet Écrit
& me répond avec aigreur, rien ne
m'empêche de profiter de ses raisons.

Au reste, Messieurs, vos Brochures
étant toutes anonymes, j'ai parlé jusqu'à présent sans avoir personne en
vue. Pour inviter à se taire, s'il est
possible, ceux d'entre vous qui igno-
rent les deux langues & qui ont à
peine une teinture de Musique, il
n'étoit pas nécessaire que je m'expo-
sasse à commettre la double injustice
d'attribuer à quelqu'un en particulier
un Ouvrage qu'il rougiroit peut-être

d'avoir fait, ou de lui en ôter un dont il se félicite sans doute d'être l'Auteur. Je n'ai qu'un but, & j'y aurois atteint, si par hazard cette mauvaise Lettre occasionnoit un bon Ouvrage. Je suis, &c....

MESSIEURS,

Votre, &c.

A Paris, ce 21. Février 1753.

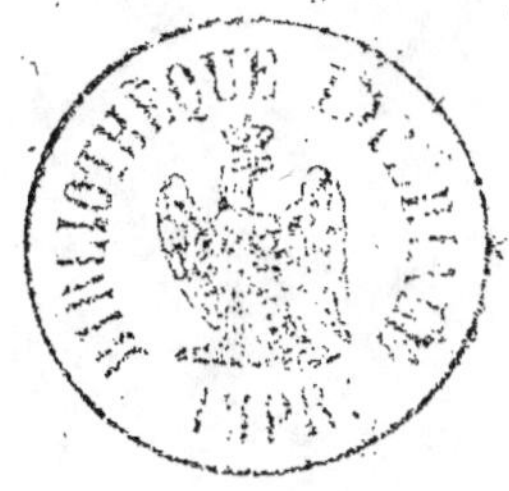

www.ingramcontent.com/pod-product-compliance
Lightning Source LLC
La Vergne TN
LVHW010226060726
842527LV00007B/2631